현종 때는 외세의 침입은 없었지만
계속되는 당쟁으로 조정이 어지러웠어요.
두 차례에 걸쳐 '예송 논쟁'이 벌어진 거예요.
당파 싸움을 매듭짓지 못한 채 숨을 거둔
현종에 이어 왕이 된 숙종은 당파를 누르고
왕권을 강화하기 위해 '환국 정치'를 폈어요.
자, 현종과 숙종의 역사 속으로 들어가 볼까요?

추천 감수 박현숙(고대사)

고려대학교 사범대학 역사교육과를 졸업하고 동 대학원에서 문학박사 학위를 받았습니다. 현재 고려대학교 사범대학 역사교육과 교수로 재직 중이며, 백제 문화와 고대 인물사 등에 대한 활발한 연구를 계속하고 있습니다. 쓴 책으로 〈백제의 중앙과 지방〉, 〈한국사의 재조명〉 등이 있습니다.

추천 감수 정구복(고려사·조선사)

서울대학교 사범대학 역사교육과를 졸업하고 서강대학교에서 문학박사 학위를 받았습니다. 한국학중앙연구원 한국학대학원의 교수로 재직 중이며, 한국학중앙연구원 한국학대학원 원장을 역임하였습니다. 쓴 책으로 〈한국인의 역사 의식〉, 〈역주 삼국사기〉, 〈한국 중세 사학사 1, 2〉 등이 있습니다.

추천 감수 김한종(근현대사)

서울대학교 사범대학 역사교육과를 졸업하고 동 대학원에서 역사교육을 전공하여 문학박사 학위를 받았습니다. 쓴 책으로 〈역사 교육 과정과 교과서 연구〉, 〈역사 교육의 내용과 방법〉(공저), 〈한·중·일 3국의 근대사 인식과 역사 교육〉(공저), 〈역사 교육과 역사 인식〉(공저) 등이 있습니다.

고증 문중양(과학사)

서울대학교 계산통계학과를 졸업하고 동 대학원에서 이학박사 학위를 받았습니다. 쓴 책으로 〈우리 역사 과학 기행〉, 〈우리의 과학문화재〉(공저), 〈세종의 국가 경영〉(공저) 등이 있습니다.

고증 정연식(생활사 및 복식)

서울대학교 국사학과를 졸업하고 동 대학원에서 문학박사 학위를 받았습니다. 쓴 책으로 〈조선 시대 사람들은 어떻게 살았을까?〉(공저), 〈일상으로 본 조선 시대 이야기 1, 2〉 등이 있습니다.

글 박영규

1996년 밀리언셀러 〈한권으로 읽는 조선왕조실록〉을 출간한 이후 〈한권으로 읽는 고려왕조실록〉, 〈한권으로 읽는 백제왕조실록〉, 〈한권으로 읽는 신라왕조실록〉 등 한권으로 읽는 역사 시리즈 를 펴내면서 쉽고 재미있는 역사책 읽기의 바람을 일으켰습니다. 그 외에도 〈교양으로 읽는 한국사〉 등의 많은 역사책을 썼습니다.

그림 손지훈

추계예술대학교에서 동양화를 공부하였습니다. 현재 프리랜서 일러스트레이터로 활동하면서 대학에서 그래픽과 일러스트 특강을 하고 있습니다. 그린 책으로 〈붓질의 페인터 9〉 등이 있습니다.

이미지 제공

연합포토, 중앙포토, 국립중앙박물관, 국립부여박물관, 국립경주박물관, 국립민속박물관, 유연태(사진작가), 허용선(사진작가)

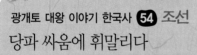

광개토 대왕 이야기 한국사 54 조선

당파 싸움에 휘말리다

총기획 및 발행인 박연환
발행처 (주)한국헤르만헤세
출판등록 제17-354호
연구개발원 경기도 성남시 분당구 금곡동 444-148
대표전화 (031)715-7722
팩스 (031)786-1100
본사 서울시 송파구 석촌동 7-3
대표전화 (02)470-7722
팩스 (02)470-8338
고객문의 080-715-7722
편집 임미옥, 백영민, 윤현주, 지수진, 최영란
디자인 장월영, 주문배, 김덕준, 김지은

ⓒ Korea Hermannhesse

이 책의 표지는 일반 용지보다 1.5배 이상 고가의 고급 용지인 드라이보드지를 사용해 제작하였습니다. 표지를 드라이보드지로 제작하면 습기의 영향을 덜 받기 때문에 본문 용지가 잘 울지 않고, 모양이 뒤틀리지 않아 책을 오랫동안 보존할 수 있습니다.

이 책은 기존의 석유 잉크 대신 친환경 식물성 원료인 대두유 잉크를 사용하여 인쇄하였습니다. 대두유 잉크는 선진국에서 널리 사용하고 있는 고가의 대체 잉크로, 휘발성이 적어 인쇄 상태의 보존이 용이하고, 인체에 무해할 뿐만 아니라 눈에 부담을 주지 않는 자연스러운 색을 내는 특징이 있습니다.

당파 싸움에
휘말리다

감수 **정구복** | 글 **박영규** | 그림 **손지훈**

한국헤르만헤세

평화로운 시대를 만든 현종

북벌 정책을 그만두다

1659년 5월, 북벌 정책을 주장하던 효종이 죽고

그의 맏아들 현종이 왕위에 올랐어요.

현종은 아버지처럼 새로운 정치를 펼치고자 했어요.

그러나 왕위에 오르자마자 조정이 시끄러웠어요.

북벌 정책을 그만두어야 한다는 신하들과

효종의 뜻을 이어 가야 한다는 신하들이 서로 맞섰지요.

보다 못한 현종이 나섰어요.

"청나라가 중원을 차지하여 천하는 여진족의 것이 되었소.

백성들은 굶주림에 지쳐 원망하고 있소.

지금 우리에게 필요한 것은 평화와 안정이오!"

현종은 현실 문제를 내세워 북벌 정책을 중단시켰어요.

"지금까지 군대에 들어갔던 비용을
이제는 모두 백성들을 위해 쓸 것이오."

덕분에 많은 군인들이 집으로 돌아올 수 있었어요.

오랜만에 그리운 가족을 만난 백성들의 얼굴에는

웃음꽃이 피었지요.

상복을 둘러싼 논쟁

현종이 다스리던 때는 병자호란 이후 가장 평화로운 시대였어요.
하지만 조정은 남인과 서인의 다툼으로 어지러웠어요.
특히 이들은 효종이 죽었을 때 인조의 왕비였던 자의 대비가
상복을 몇 년 동안 입어야 하는가의 문제로 치열하게 다투었어요.
"자의 대비께서는 상복을 3년 입어야 한다니까요!"
"무슨 소리요! 효종 대왕이 인조 대왕의 둘째 아들이시니 당연히
자의 대비께서는 1년 동안 상복을 입으셔야지요!"

〈주자가례〉를
따라야 하오!

8

남인은 〈주자가례〉를 따라 상복을 3년 입어야 한다고 주장했고,
서인은 〈경국대전〉을 따라 상복을 1년 입어야 한다고 맞섰지요.
이렇게 상복을 둘러싸고 벌인 논쟁을 '예송 논쟁'이라고 해요.
서인은 인조를 왕위에 올렸던 공신들로 송시열과 송준길이,
남인은 새로 벼슬에 오른 윤선도와 허목이 대표적인 인물이었어요.
"양쪽 의견을 들어 보니, 송시열의 주장이 더 옳다!"
이렇게 현종이 말하자 윤선도가 가만있지 않았어요.

무슨 소리! 나라
법전인 〈경국대전〉을
따라야 하오!

하지만 윤선도의 억지 주장에 화가 난 현종은 그를 귀양 보냈어요.
이것으로 예송 논쟁은 서인의 승리로 끝나는 것 같았어요.
그러다 1673년 효종의 왕비 인선 왕후가 숨을 거두었어요.
남인은 "인선 왕후께서는 왕비이므로 상복을 1년 입으셔야
하옵니다."라고 내세웠고, 서인은 "대왕대비의 둘째 며느리이므로
9개월 입으셔야 할 것입니다."라고 주장했어요.

10

그러자 현종은 이번에는 남인의 손을 들어주었어요.

'또다시 송시열의 편을 들면 송시열의 힘이 너무 커진다.

그러면 왕실을 깔보고 나라를 제멋대로 주무르려 할 것이다.

그러니 이번에는 남인의 손을 들어주자.'

이에 서인이 들고일어나자 현종은 그들을 모두 귀양 보냈어요.

상복 문제로 골치를 썩던 현종은 예송 논쟁이 절정을 이루었던

1674년 8월, 34세의 나이로 세상을 떠나고 말았어요.

논쟁의 중심에 선 학자, 송시열

조선 시대를 대표하는 학자이자 정치가인 송시열은

1607년 충청북도 옥천군 구룡리에서 태어났어요.

어려서부터 학문에 재능을 보였던 송시열은

22세 때 아버지가 죽자 삼년상을 지내려고 산으로 들어갔어요.

그곳에서 혼자 학문을 익히고 1630년, 당시 가장 뛰어난

유학자였던 김장생을 찾아가 제자가 되었어요.

율곡의 수제자였던 김장생 덕분에 송시열은

율곡의 학풍을 그대로 이어받게 되었어요.

송시열은 평소 별로 말이 없는 사람이었으나

학문에 관해서는 잠시도 쉬지 않고 자신의 생각을 쏟아 냈고,

다른 사람들의 의견을 조목조목 따졌어요.

1633년, 송시열은 생원시에 1등으로 합격하여
그해 10월, 경릉 참봉 벼슬을 받았어요.
1635년에는 훗날 효종이 된 봉림 대군에게
학문을 가르쳤는데, 효종과 송시열의 특별한 인연은
바로 이때부터 시작되었어요.
1636년에 병자호란이 일어나자
송시열은 인조와 함께 남한산성으로 피난을 갔어요.
하지만 청나라 군대에 성이 함락되면서 인조가 치욕을
당하자 벼슬을 내놓고 고향으로 갔어요.
"그저 한평생 글이나 읽으면서 초야에 묻혀 지내련다."
10년이 넘도록 고향에 머물다가
효종이 왕위에 오르자 다시 한양으로 돌아왔어요.
"공자의 도를 모르는 청나라에 짓밟히는 수모를 당했으니,
마땅히 갚아야 할 것이옵니다."
효종은 송시열과 뜻을 같이하여 북벌을 준비했어요.
하지만 효종이 젊은 나이에 세상을 떠나자
조정은 또다시 예송 논쟁에 휘말려 시끄러웠어요.
송시열은 왕세자 책봉 문제에 관한 상소를
올렸다가 제주도로 귀양 갔어요.
그곳에서 83세에 사약을 받아 목숨을 잃고 말았답니다.

조선을 노래한 시인, 윤선도

뛰어난 시조 시인 윤선도는 1587년 한양에서 태어났어요.

26세의 나이에 진사 시험에 합격하여 생원이 되었어요.

윤선도는 광해군에게 아첨하며 권력을 휘두르는 무리를 싫어했어요.

'저런 간신배들이 설치니 나라가 이 모양이지.'

결국 상소를 올려 이이첨의 죄를 드러냈어요.

그 일로 6년 동안이나 귀양살이를 해야 했어요.

1623년, 인조반정 때 의금부 도사가 되었지만

세상살이의 덧없음을 느끼고 벼슬을 내놓았어요.

병자호란 때는 의병을 일으키기도 했지요.

"오랑캐로부터 왕과 나라를 구하자!"

윤선도가 이끈 의병이 강화도에 다다랐을 때에는

이미 인조가 삼전도에서 청나라에 무릎을 꿇은 뒤였어요.

"이럴 수가! 조선의 수치로구나!"

윤선도는 제주도로 가던 중 자신의 시조 〈어부사시사〉의 배경이 된

보길도를 발견하여 그곳에서 1년 동안 지냈어요.

그러다 현종의 부름을 받았는데,

이에 응하지 않자 또다시 귀양을 가게 되었어요.

예송 논쟁 때도 송시열과 맞섰다가 귀양을 갔지요.

송시열 등 서인은 윤선도를 죽여야 한다고 주장했지만
현종은 받아들이지 않았어요.
"윤선도가 과격하기는 하나 나라를 위하는
마음만은 진심이니 죽일 것까지는 없소.
게다가 그는 돌아가신 아바마마의 스승이었소.
귀양 보내는 것으로 마무리 짓도록 하시오."
그 뒤로 윤선도는 7년 넘게
귀양 간 곳에서 마음을 다스려야 했지요.
윤선도는 벼슬길에 오른 후
9년 동안은 조정에 머물렀고,
14년간은 귀양지에 있었어요.
윤선도가 지은 주옥같은 시조들은
모두 귀양 간 곳에서 탄생한 것들이랍니다.

시나 지으며
살 것을….

15

환국 정치를 펼친 숙종

다시 시작되는 예송 논쟁과 경신환국

1674년 8월, 14세의 어린 숙종이 왕위에 올랐어요.

총명했던 숙종은 직접 나랏일을 보았어요.

숙종은 왕위에 오르자마자

효종의 왕비 인선 왕후와 현종의 장례를 치렀어요.

현종이 죽었을 때 인선 왕후의 상중이었기 때문에

송시열이 다시 상복 문제를 들고 나왔어요.

그러자 숙종은 송시열을 귀양 보냈어요.

이때 송시열을 따르던 유생들이 부당하다고 나섰어요.

"폐하, 송시열 선생의 주장은 틀리지 않사옵니다."

이에 맞서 영남 유생들이 송시열의 귀양은

당연하다는 상소를 올렸지요.

숙종은 과감한 결정을 내렸어요.

"또다시 이 문제를 들고 나오면 누구든

중한 벌에 처할 것이다."

그 결과, 서인의 힘이 크게 약해지고 남인이

정권을 잡게 되었어요.

그러자 이번에는 서인 집안 출신인 숙종의 어머니
명성 왕후가 숙종을 찾아왔어요.
"주상, 서인을 모두 내쫓으면 남인들이
권력을 틀어쥐고 왕실과 임금을 업신여기지 않겠소?"
"송시열을 다시 조정으로 불러들이란 말입니까?"
명성 왕후는 사촌 동생인 김석주를 앞세워
조정을 움켜쥐려는 속셈이었지요.
이미 이조 참판인 김석주에게 힘을 더 실어 주면
외척의 권력이 지나치게 커질 수밖에 없었어요.
하지만 숙종은 명성 왕후의 억지에 못 이겨
김석주를 도승지 겸 어영대장으로 삼았어요.
명성 왕후는 김석주를 불렀어요.
"신중하게나. 남인은 호락호락하지 않네."
남인을 내쫓는 일이 쉽지 않을 뿐더러
김석주는 예송 논쟁에서 남인의 편을 들었기 때문에
서인의 지지도 못 받는 상황이었어요.
그러던 1680년 3월 어느 날, 남인의 우두머리인
영의정 허적의 집안에 '시호'가 내려졌어요.
시호란 2품 이상의 벼슬을 하고 죽은 사람에게 내리는
호칭으로, 허적의 조부인 허잠에게 내려진 거예요.

허적은 시호를 받들기 위해 큰 잔치를 준비했어요.

그런데 잔치가 예정된 날 아침에 비가 내렸어요.

숙종은 비 오는 것을 보고 허적의 집에

유악(기름칠한 천막)을 보내 주도록 지시했어요.

하지만 유악은 이미 허적의 종이 가져간 뒤였지요.

"뭐라? 유악은 왕의 허락 없이 사용할 수 없는 것이거늘

영의정이 마음대로 가져가? 어영대장 김석주를 불러라!"

왕 앞에 불려 간 김석주는 이미 오래전부터 남인들이

왕의 허락 없이 유악을 사용했다고 말했어요.

숙종은 즉시 군사 일을 맡은 대신들을 불렀어요.

"지금부터 저들의 관직을 모두 빼앗아라!"

그렇게 해서 권력이 남인에서 서인으로 넘어갔어요.

그래도 아직까지 남인들이 많이 남아 있었어요.

한편 김석주는 허적의 아들이 인평 대군의 세 아들인

복선군, 복평군, 복창군 등과 어울린다는 것을 알고

허적도 몰아내기로 결심했어요.

'도체찰사의 군대를 훈련시키는 걸 반역을 꾀한다고

몰아가면 되겠군.'

김석주는 명성 왕후를 찾아갔어요.

"마마, 지금이 허적과 남인의 무리를 싹 몰아낼

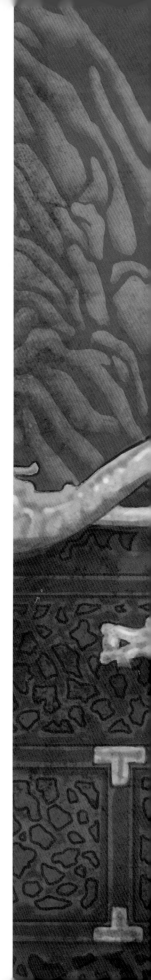

기회입니다."

"그래? 그럼 어서 주상께 알리시오!"

김석주는 곧 숙종에게 허적과 허견, 그리고 복선군 형제의

일을 거짓으로 꾸며 말했어요.

"복선군 형제들은 오래전부터 반역을 꾀했습니다.

또한 허견도 함께 반역을 꾀했으니 잡아들이소서.

소신에게 이 일을 맡겨 주시면 반드시 사실을 밝혀내겠사옵니다."

숙종은 남인을 누르고 싶은 마음에 김석주의 말대로

복선군 형제들과 허견을 잡아들였어요.

이들은 고문에 못 이겨 반역을 꾀했다고 거짓 고백을 했어요.

그때 서인들이 허적을 공격하자,

숙종은 복선군 형제들과 허견을 죽이라고 했어요.

또한 허견을 따르는 무리와 남인까지 없앴어요.

남인의 핵심 세력이 죽자 조정은 다시 서인의 손에 넘어갔지만,

숙종은 서인을 완전히 믿지 않았어요.

이 사건을 경신년에 일어난 일이라 '경신환국'이라고 해요.

'환국'이란 정치 판국이 바뀌었다는 뜻으로,

숙종이 임금 자리에 있는 동안 여러 번 일어났어요.

그래서 숙종의 정치를 '환국 정치'라고 해요.

장 희빈과 기사환국

경신환국으로 남인의 핵심 세력을 몰아낸 서인은
곧 둘로 갈라졌어요.
김익훈, 송시열 등 늙은 신하들이 주를 이룬 노론과
한태동, 남구만, 윤증 등 젊은 신하들이 중심이 된
소론이었어요.
"폐하, 남인을 모두 조정에서 쫓아내소서."
"폐하, 신은 서인이지만
남인을 모두 내쫓는 것은 반대하옵니다."
이렇게 남인의 처리 문제를 놓고 의견이 달라
서인이 노론과 소론의 둘로 갈라진 거예요.
사실 숙종은 이를 바랐어요. 신하들이 함부로
왕권을 넘보게 해서는 안 된다는 생각 때문이었지요.
한편 서인이 둘로 나누어져 다투고 있는 틈을 타서
조정의 중심에서 밀려났던 민암, 이의징 등 남인들이
권력을 되찾으려고 기회를 엿보고 있었어요.
남인은 숙종의 후궁인 소의 장씨의 아들을
세자로 삼아야 한다고 주장하여 숙종의 신임을 얻었어요.
소의 장씨는 바로 장 희빈이에요.
장씨가 아이를 갖자 소의로 지위가 오른 거예요.

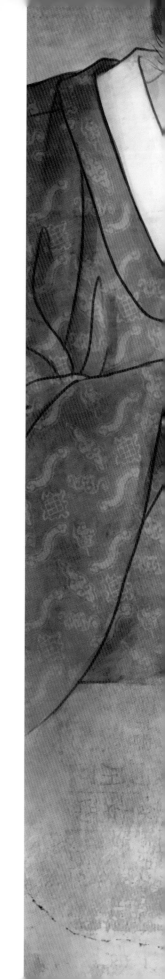

숙종은 장씨가 아들 낳기만을 기다렸어요.
아들을 애타게 기다린 이유는 지금까지
왕위를 이을 왕자는 물론 딸도 한 명
얻지 못했기 때문이에요.
첫째 왕비 인경 왕후는 딸 셋을 낳았지만
모두 죽었고, 그녀 역시 천연두에 걸려

26

세상을 떠났어요.

이후 숙종은 서인 집안에서 두 번째 왕비인

인현 왕후 민씨를 맞아들였어요.

그녀는 혼인한 지 7년이 지나도록 아이를 낳지 못했어요.

그러다가 숙종은 궁녀였던 장옥정을 만났지요.

장옥정이 애타게 기다리던 아들을 낳자 그녀의 지위를

희빈으로 올리고 그 아들을 원자로 삼겠다고 했어요.

그러자 서인의 우두머리 송시열이 말했어요.

"어찌하여 후궁의 몸에서 태어난 왕자를 원자로 삼으려 하시옵니까?"

"내가 내 아들을 원자로 삼는다는데 신하가 트집을 잡아?"

이때 남인들이 숙종의 편을 들었어요.

"폐하의 말씀이 백 번 옳습니다. 지금 송시열이 원자 책봉을 놓고

말하는 것은 왕권을 업신여기는 행동입니다."

이에 숙종은 송시열을 귀양 보낸 뒤 사약을 내렸어요.

조정은 다시 남인 차지가 되었지요.

숙종은 이참에 민씨의 왕비 자리를 빼앗고

장 희빈을 새 중전으로 삼아 조정을 이끌었어요.

1689년, 왕자 윤을 원자로 정하는 과정에서 서인이 무너지고

남인이 권력을 얻은 이 사건을 '기사환국'이라고 해요.

장 희빈과 인현 왕후의 엇갈린 운명

몇 년 후 장 희빈의 오빠 장희재를 중심으로 남인이

힘을 얻자 숙종은 그들을 누르기로 했어요.

숙종은 먼저 사랑이 식어 버린 장 희빈을 멀리했어요.

대신 새 후궁을 맞이했는데 무수리 출신의 최씨였어요.

그즈음 권력을 되찾을 기회를 노리던 서인은

인현 왕후 복위 운동을 펼치기로 했어요.

남인인 함이완과 민암은 이를 눈치채고 숙종을 찾아갔어요.

"폐하, 서인들이 인현 왕후를 다시 자리에 앉히려고

합니다. 그들을 잡아 죄를 벌하게 해 주소서."

"그대들은 어찌하여 불쌍한 사람을 죽이려 하는가?

그것이 선비의 도리라고 할 수 있는가?"

숙종은 남인들을 귀양 보냈어요.

또한 인현 왕후를 다시 중전에 오르게 하고,

왕비 장씨를 빈으로 낮추었어요.

이에 장 희빈은 분을 참지 못하고 신당을 차려 놓고

무당을 불러 인현 왕후를 저주했어요.

이 사실을 알게 된 숙종은 마침내 장 희빈을 궁궐 밖으로

내치기로 마음먹었지요.

29

장 희빈의 처벌 문제를 놓고 또다시 노론과 소론이 다투었어요.
바로 그즈음 병으로 누워 있던 인현 왕후가 세상을 떠나고 말았어요.
숙종은 화를 참지 못하고 소리쳤어요.
"당장 장 희빈과 무당, 장희재를 모두 잡아들이도록 하라!"
곧 무당은 물론 장희재와 가족까지 잡혀 왔어요.

그들은 모진 고문 끝에 모두 죽임을 당했고, 희빈 장씨는

인현 왕후를 저주하였다는 죄로 1701년에 사약을 받았어요.

궁녀 출신으로는 처음으로 중전에 올랐던 장 희빈은

숙종이 내린 사약을 마시고 숨을 거두었지요.

또한 장씨를 보호하려고 했던 남구만, 최석정, 유상운 등의

소론 측 대신들은 모두 귀양을 가거나 관직에서 쫓겨났어요.

이 사건을 계기로 노론은 다시 조정의 중심을 차지했으나,

싸움은 좀처럼 끝나지 않았어요.

장 희빈의 아들 세자 윤을 둘러싸고 치열한 당쟁이 이어졌어요.

"죄인으로 사약을 받은 후궁의 소생을 어찌 왕으로 삼는단 말이오?

연산군 때의 일을 모르시오?"

노론은 죄인 장 희빈의 아들이 왕위를 잇는 것은 옳지 않다고 했어요.

반면에 소론은 이미 정해진 세자를 바꿀 수 없다고 주장했어요.

"아무리 그래도 세자를 몰아낼 수는 없는 일입니다.

세자께서 잘못하신 일이 아닌데 너무들 하십니다."

노론과 소론의 이와 같은 당쟁은 많은 신하들을

죽음으로 내몰거나 귀양 길에 오르게 했어요.

이러한 당쟁의 소용돌이 속에서 어느 편을 들어야 할지

갈팡질팡하던 숙종은 1720년 60세의 나이로 세상을 떠났어요.

우리가 바로
의적 장길산의
부하들입니다!

32

의적 장길산

장길산은 숙종 때 도적으로 본디 광대였어요.

장길산은 덩치가 크고 성격이 매우 쾌활하여

시간이 갈수록 따르는 사람이 점점 많아졌어요.

장길산은 양반들의 집과 백성들을 괴롭히는

탐관오리의 집을 주로 털었지요.

조정에서는 장길산 무리를 잡아들이려고

장수 신엽을 황해도 감사로 보냈어요.

하지만 장길산 무리를 붙잡는 일은 쉽지 않았어요.

1692년, 장길산은 평안도 양덕에 자리를 잡았어요.

조정에서는 장길산을 잡기 위해 대책을 세웠어요.

"도적 하나 때문에 이래서야 원!

신엽은 대체 뭘 하고 있답니까?"

"놈들의 움직임이 어찌나 빠른지
동에 번쩍 서에 번쩍 한답니다."

조정에서는 평안도 포도청에 군사를 보냈어요.

하지만 역시 장길산을 잡을 수 없었어요.

장길산은 조정에서 군대가 내려왔다는 소식을

듣고도 눈 하나 깜짝하지 않았어요.

이후에도 장길산이 잡혔다는 기록은 없답니다.

독도를 지킨 안용복

1693년, 울릉도와 독도 바다에 일본 어민들이 나타났어요.

일본 어민들이 고기를 찾아 그곳까지 왔던 것이지요.

일본 어민들이 나타났다는 소식을 들은 안용복은 동래에 사는

어민 40여 명을 이끌고 울릉도 앞바다로 나갔어요.

"감히 나라님의 허락도 없이 우리 땅에 마음대로 들어오다니!"

안용복은 고기잡이를 하고 있던 일본인들을 크게 꾸짖었어요.

"여기는 엄연히 조선 땅인데 왜 허락도 없이 고기잡이를 하는가?

　　다시는 조선의 바다에 나타나지 마라!"

여기가
조선 땅이었남?

안용복의 호통에 일본 어민들이 우르르 달려들었어요.
엎치락뒤치락하며 싸움을 벌이던 안용복은
일본 어민들에게 잡혀 일본으로 끌려가게 되었어요.
안용복은 침착하게 태수를 만나고 싶다고 말했어요.
일본 어민들을 관리하는 지방의 태수를 만난
안용복은 당당하게 울릉도와 독도가 조선 땅임을 밝혔어요.
안용복의 주장이 옳다고 생각한 태수는 그를 풀어 주었어요.
안용복은 조선으로 가지 않고 일본의 최고 권력자인
에도 막부의 책임자를 찾아갔어요.
"울릉도와 독도가 조선의 땅임은 천하가 다 아는 사실이오."
그러나 그 책임자는 들은 척도 하지 않았어요.
"지금 쓰시마 섬에서는 조선에서 수입한
쌀의 무게를 속여 일본에 되팔고 있소.
그렇게 해서 막대한 이익을 챙기고 있다는데
그 또한 단속을 하셔야 할 것이오."

감히 조선
땅에서 고기잡이를
하다니!

그 말을 들은 책임자는 태도가 확 바뀌었어요.

"그게 정말이오? 알려 줘서 고맙소.

다시는 울릉도와 독도에 일본 어민이 못 가게 하겠소.

내가 한 말을 약속 문서로 써 주겠소."

하지만 1694년에 쓰시마 섬 사람들은 사신을 보내

울릉도와 독도가 일본 땅이라는 터무니없는 주장을 했어요.

숙종은 삼척 첨사를 울릉도로 보내 조사하게 하고, 동래에

머물고 있는 일본 사신에게 문서를 전하도록 했어요.

"조선은 일본 어민에게도 고기잡이를 허락해 주려고 했다.

그런데 너희는 아예 땅을 차지하려 드니 용서할 수 없다."

1696년, 안용복은 다시 고기를 잡기 위해 울릉도에 갔어요.

그때 일본 어부들이 그물을 치고 있었어요.

"여기는 조선 땅이다! 어찌 함부로 넘어온 것이냐!"

안용복의 호통에 일본 어민들은 겁을 먹고 도망쳤어요.

안용복은 스스로 '울릉우산양도감세관'이라 칭하며

일본에 건너가 태수의 사과를 받고 돌아왔어요.

1697년에는 쓰시마 섬에서 자신들의 잘못을 사과하고

울릉도가 조선 땅임을 확인한다는 문서를 보내왔어요.

안용복의 활약으로 철종 때까지 울릉도에 대한 다툼은

일어나지 않았답니다.

너도나도 한글 소설을 읽다

책은 과거 시험을 보기 위해서 양반들만 읽는 것이라고 생각했어요. 하지만 책을 오락거리로 여기면서 책을 대하는 생각이 서서히 바뀌기 시작했지요. 그 분위기를 타고 재미있는 소설들이 쏟아져 나왔고, 남녀노소 누구나 소설을 즐겨 읽게 되었어요.

❀ 한글 소설의 대유행

소설은 이전부터 있었지만 모두 한문으로 쓰여진 것뿐이었어요. 백성들 대부분은 한문을 읽지 못했고, 양반들은 체면 때문에 관심을 갖지 않았어요. 하지만 한글이 널리 퍼지면서 백성들도 글을 읽을 줄 알게 되자 상황은 달라졌어요.

마땅한 오락거리가 없던 백성들은 소설에 관심을 가지게 되었어요. 또 두 차례의 큰 전쟁을 치르면서 마음에 위안을 받고 싶었어요. 소설 속에서는 현실과 달리 전쟁에서 승리하고 잘못된 정치도 비판할 수 있었으니까 소설을 읽으며 마음을 달랬던 거예요.

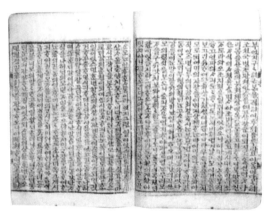

▲ 우리나라 최초의 한글 소설 〈홍길동전〉

오늘 바로 들어온 소설이라우~.

언제 돌려드리면 되죠?

❀ 책을 빌려 주는 세책점

소설이 유행하면서 방각본이라는 값싼 책이 만들어졌어요. 개인이 책을 만들어서 돈을 받고 팔았지요. 하지만 가난한 백성들은 매번 책을 살 수 없었어요.

그래서 지금의 책 대여점인 세책점에서 책을 빌려 보았지요. 세책점은 주로 부녀자를 상대로 그릇이나 가구 등을 담보로 맡았고, 세책료는 책의 권수와 날짜에 따라 달리 받았어요. 세책점은 서울(한양)에만 있었다고 해요.

🌸 소리꾼이 들려주는 이야기가 책으로

당시에는 글을 읽지 못하는 사람들을 위해 재미있는 이야기를 읽어 주는 소리꾼이 있었어요. 시간이 흐르면서 이 이야기들이 책으로 엮어졌어요. 지은이를 알 수 없는 이들 소설은 큰 인기를 끌었어요. 이런 소설들은 애정 문제나 복수 등을 주요 내용으로 다루고 있어서 사람들에게 재미를 주었기 때문이에요. 〈춘향전〉, 〈심청전〉, 〈흥부전〉 등 오늘날 우리에게도 잘 알려진 소설들이 인기가 있었어요. 이런 소설들을 판소리계 소설이라고 부른답니다.

▲ 〈흥부전〉의 발상지가 되었다고 알려진 흥부마을 입구

한국사 돋보기

임금님도 읽을 수 없는 책이 있다고?

'사초'라는 역사책이에요. 사초는 그것을 쓴 사관을 빼고는 그 누구도 읽을 수 없었어요. 사초는 임금의 24시간을 일기처럼 자세히 기록한 책이에요. 사관들은 임금의 사소한 말 한마디와 행동까지도 빠짐없이 써야 했어요.

그리고 임금이 죽은 뒤에는 그 임금의 행적을 사실 그대로 기록했는데, 그것은 '실록'이라고 불러요. 사초는 바로 그 실록을 쓰기 위한 기초 자료였지요.

조선 시대 임금들은 사초를 무척 보고 싶어 했어요. 후세에 자신에 대해 어떻게 기록될지 궁금했으니까요. 만약 임금이 사초를 본다면 사관은 임금의 눈치를 보느라 정직하게 쓸 수 없었을 거예요. 때문에 아무리 임금의 명령이 엄할지라도 사초만은 절대로 볼 수 없었어요.

그래서 〈조선왕조실록〉은 조선의 역사를 사실 그대로 기록했다고 하여 신빙성이 매우 높아요. 〈조선왕조실록〉은 1997년에 유네스코 세계 기록 유산으로 지정되었답니다.

사초는 임금도 볼 수 없었지.

▲ 조선 태조부터 철종까지 25대 472년 동안의 역사를 기록한 〈조선왕조실록〉

남자 중심의 예법

조선 시대에는 예법을 중시했어요. 왕족이나 양반뿐 아니라 일반 백성들도 예법을 소중히 지켰어요. 조선의 예법은 오늘날까지도 우리 사회에 커다란 영향을 미치고 있답니다.

❀ 아들이 집안의 대를 이었어요

집안의 대는 아버지로부터 아들에게로 이어졌어요. 그래서 아들이 없으면 대가 끊긴다고 생각했지요. 이전에는 딸이나 외손자도 대를 이었지만 조선 시대에 와서 남자만 대를 이을 수 있게 바뀐 거예요.
또 아들은 대를 이었기 때문에 당연히 재산도 아들에게만 물려주었어요. 아들 중에서도 조상의 제사를 지내는 맏아들에게 더 많은 재산을 주었답니다.

❀ 남자 중심의 제사를 지냈어요

제사는 조상을 기리기 위해 지내는 예법이에요. 맏아들이 지내는 것이 원칙이어서 아들 중에서도 맏아들의 자리는 매우 중요했지요.
또 집안의 내력을 기록한 족보를 썼어요. 족보 역시 아들과 손자 중심으로 썼고, 딸과 사위는 이름만 실었어요.

❀ 남자의 집으로 시집을 갔어요

조선 시대 초기까지만 해도 남자가 여자의 집으로 가서 혼례를 했어요. 심지어 여자의 집에서 살다가 첫아이가 자라면 남자의 집으로 가기도 했지요. 하지만 점차 남자의 집에서 혼례를 올렸어요. 여자는 남자의 집으로 가서 혼례를 치르고 평생 시집에서 살아야 했어요. 그래서 시집간 여자를 '출가외인'이라고 부르지요.

한눈에 보는 연표

우리나라 역사　　**세계 역사**

▲ 송시열의 글을 모은 〈송자대전〉

1650

1651 ◀ 영국의 크롬웰, 항해 조례 발표

현종 즉위 ➔ 1659

1661 ◀ 청, 강희제 즉위

송시열, 노비종모법 주장 ➔ 1669

▲ 상평통보

1670

유형원, 〈반계수록〉 완성 ➔ 1673

숙종 즉위 ➔ 1674

1675 ◀ 영국, 그리니치 천문대 설치

상평통보 주조 ➔ 1678

1688 ◀ 영국, 명예혁명

그리니치 천문대

1675년에 세워진 영국의 천문대로 런던 그리니치 공원에 있어요. 세계 여러 나라들은 그리니치의 관측을 토대로 계산한 시간을 '세계시'로 정하고 있어요.

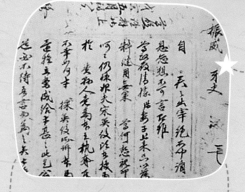

유형원의 글씨

유형원은 실학을 최초로 체계화한 학자예요. 〈반계수록〉을 통해 중농 사상에 따른 토지 제도 개혁을 주장했어요.

1690

안용복, 독도에서 ➔ 1696
일본인을 내쫓음

장길산, 난을 일으킴 ➔ 1697

1701 ◀ 프로이센 왕국 설립

1705 ◀ 영국, 버킹엄 궁전 완성

대동법 ➔ 1708
전국에 시행

1709 ◀ 영국, 인클로저 운동

우리나라 표준 시간은 기준시보다 9시간 앞서 있어.

〈반계수록〉은 조선 사회 논밭에 관한 제도 연구에 귀중한 자료야.

백두산정계비 건립 ➔ **1712**

숙종 죽음 ➔ 1720

▲ 버킹엄 궁전